AF359287

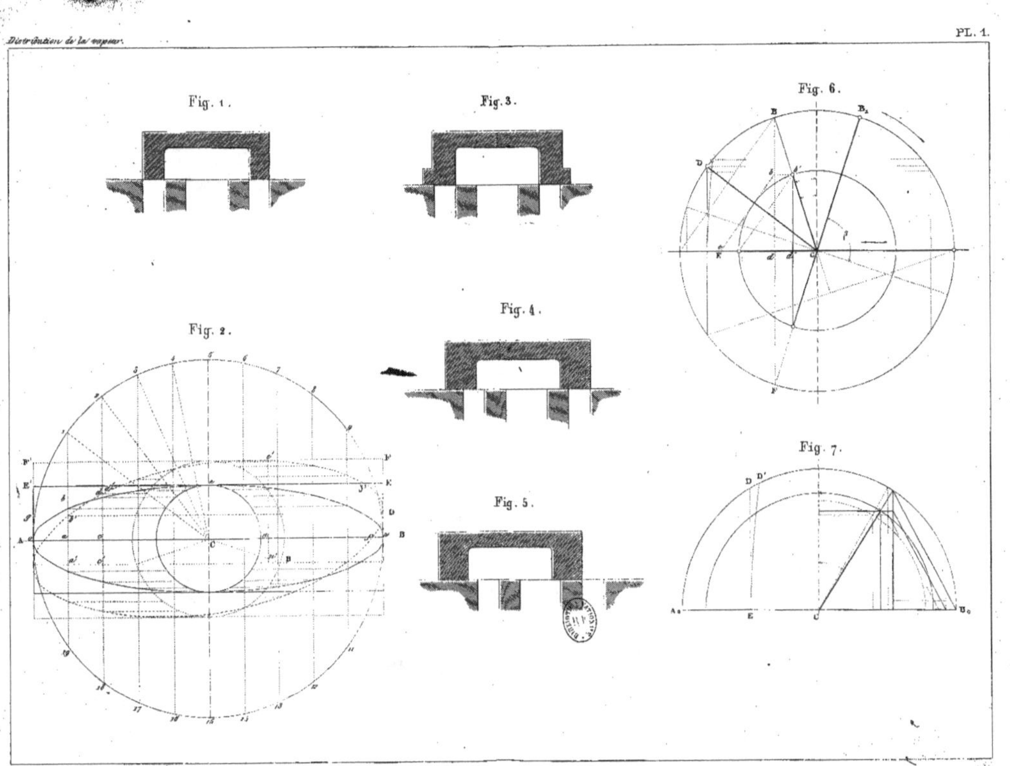

Fig. 1.
Fig. 3.
Fig. 6.
Fig. 2.
Fig. 4.
Fig. 5.
Fig. 7.

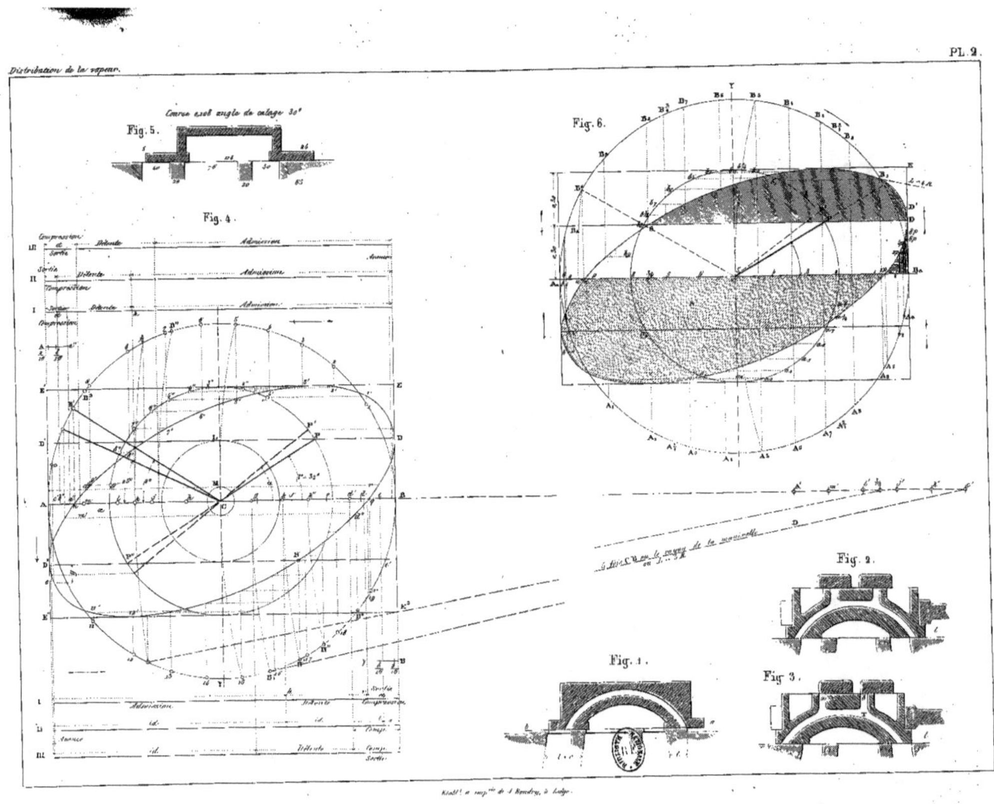

Course avec angle de calage 30°
Fig. 5.
Fig. 4.
Fig. 6.
Fig. 1.
Fig. 2.
Fig. 3.

PL. 3.

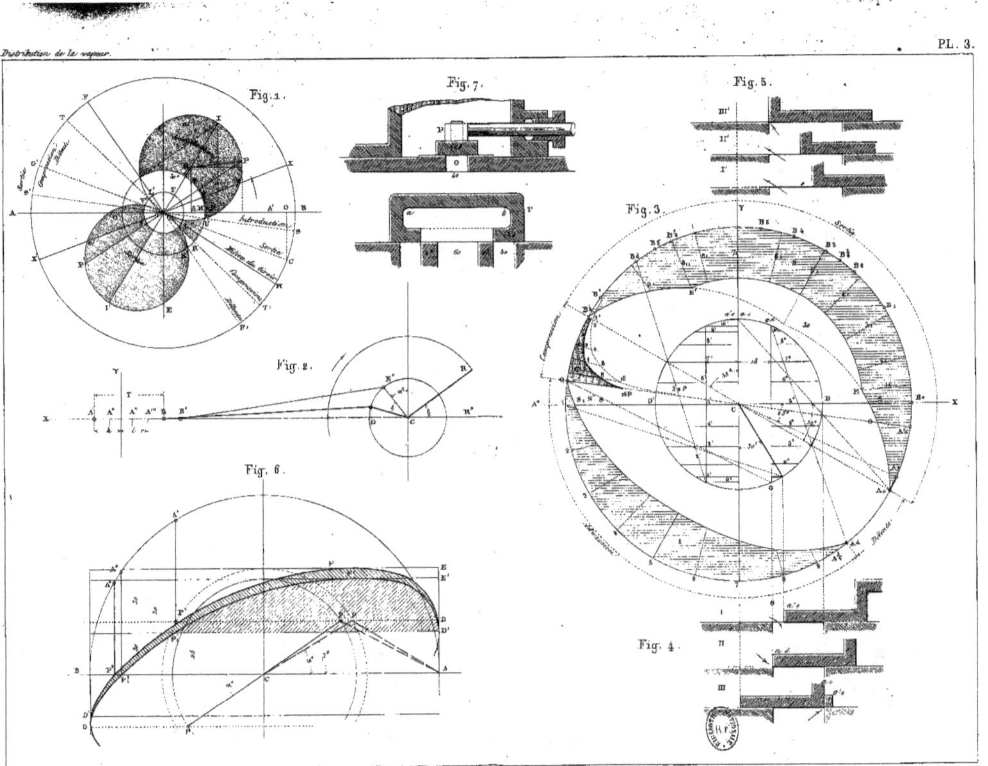

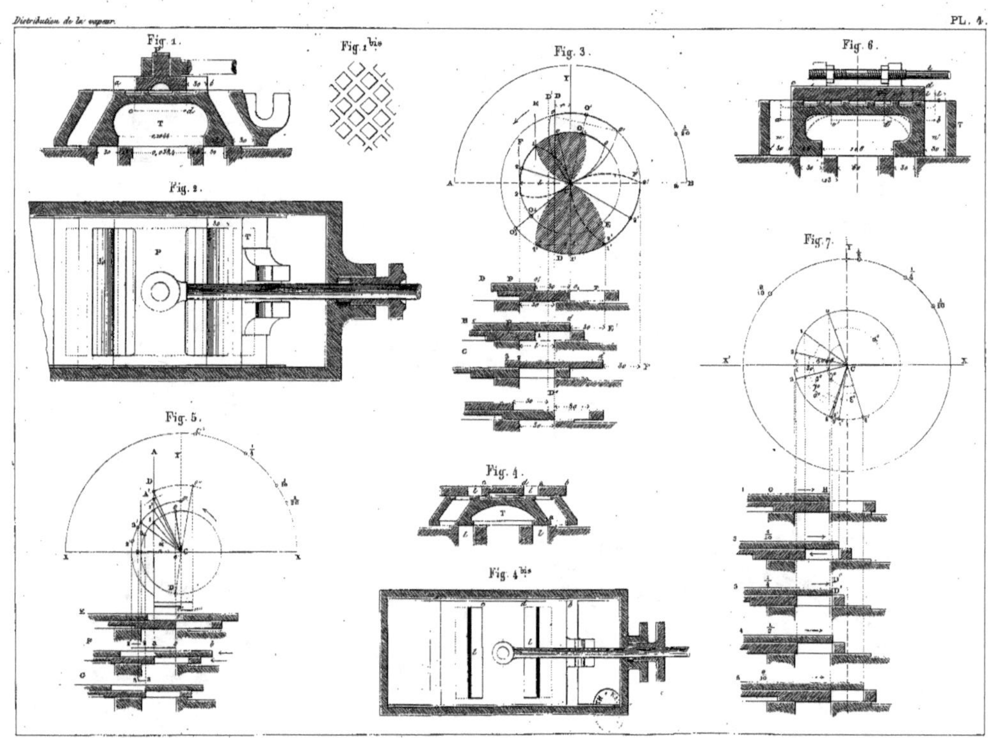
Fig. 1.
Fig. 1 bis
Fig. 3.
Fig. 6.
Fig. 2.
Fig. 7.
Fig. 5.
Fig. 4.
Fig. 4 bis

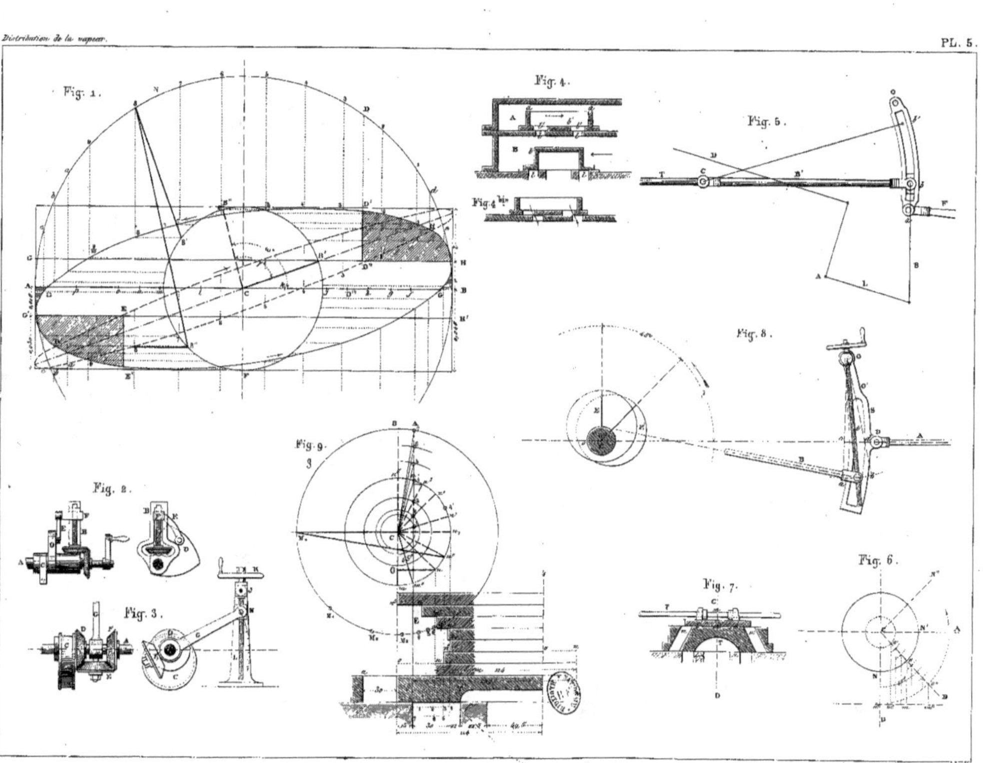

Fig. 1.
Fig. 2.
Fig. 3.
Fig. 4.
Fig. 4 bis.
Fig. 5.
Fig. 6.
Fig. 7.
Fig. 8.
Fig. 9.

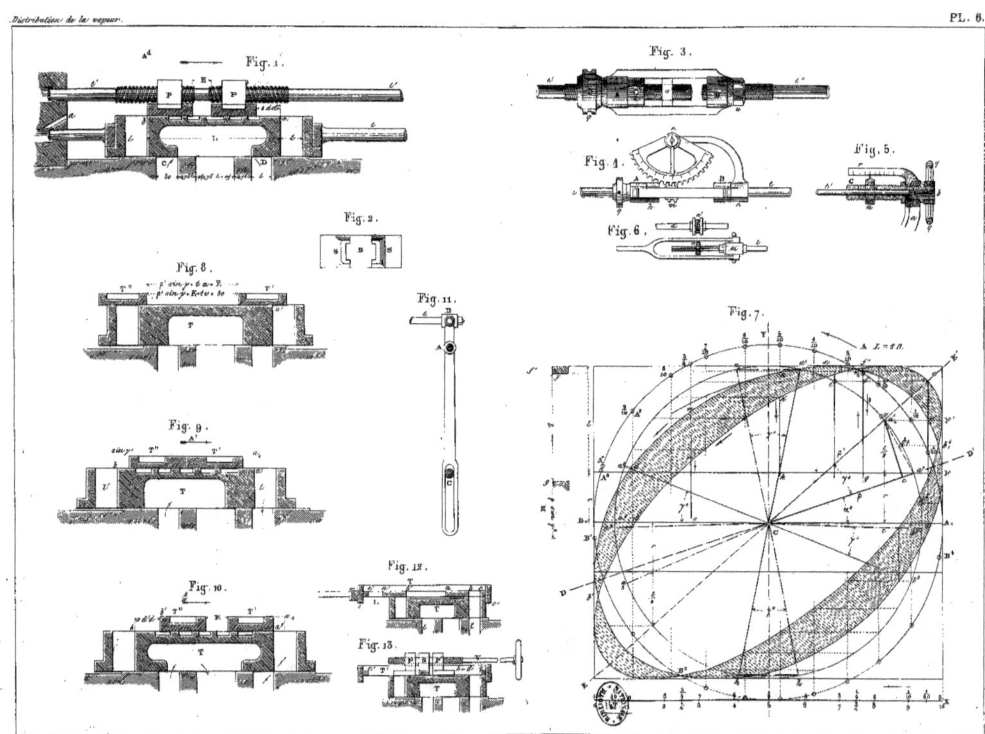

Fig. 1.
Fig. 2.
Fig. 3.
Fig. 4.
Fig. 5.
Fig. 6.
Fig. 7.
Fig. 8.
Fig. 9.
Fig. 10.
Fig. 11.
Fig. 12.
Fig. 13.

PL. 7.

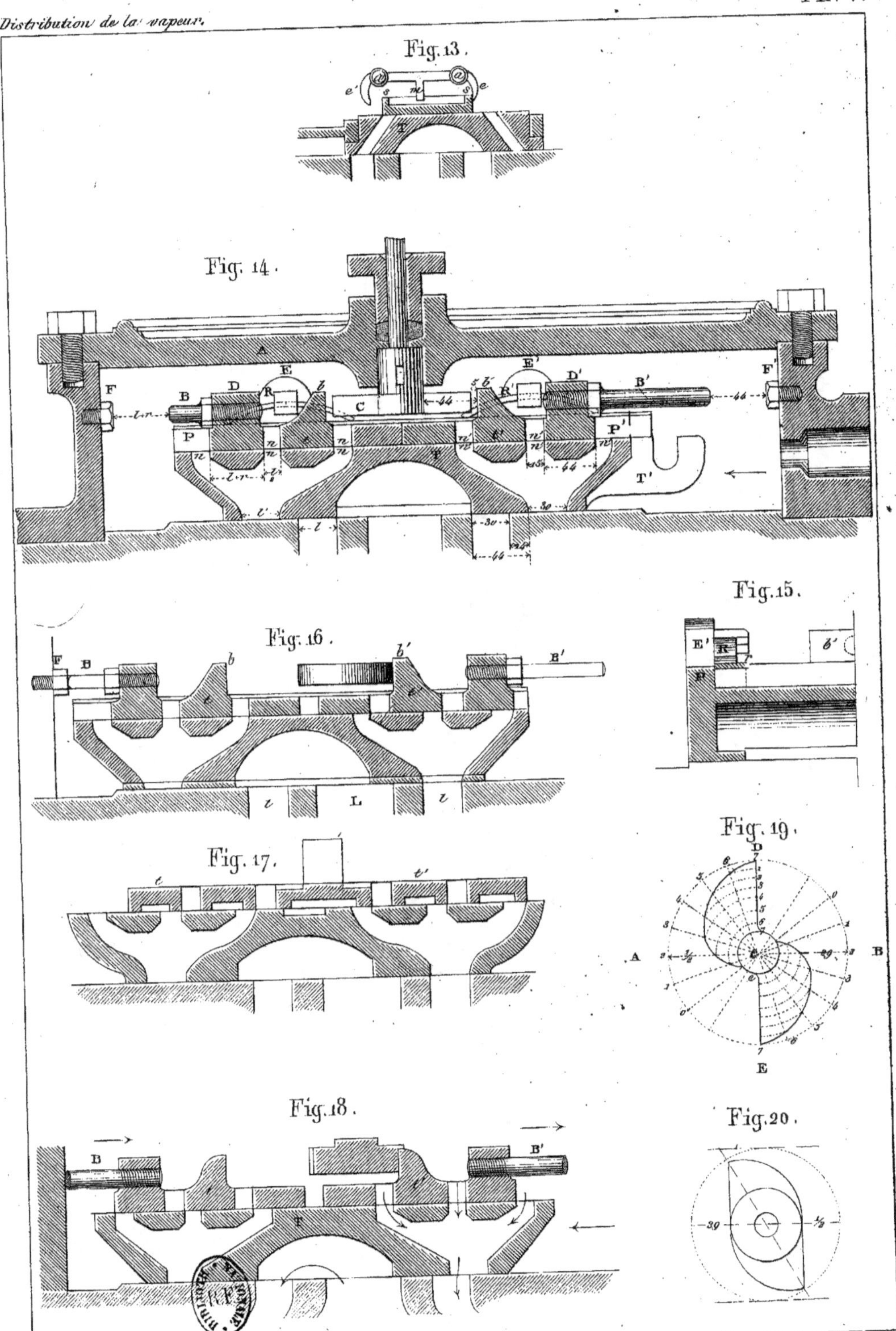

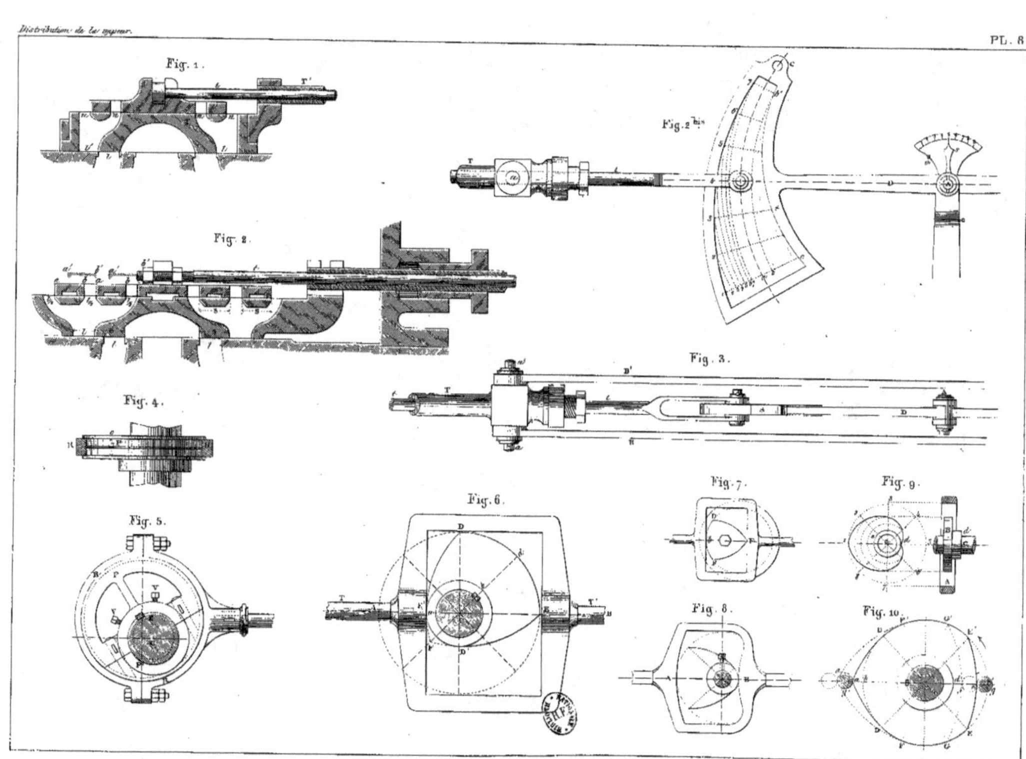
Fig. 1.
Fig. 2.
Fig. 2 bis
Fig. 3.
Fig. 4.
Fig. 5.
Fig. 6.
Fig. 7.
Fig. 8.
Fig. 9.
Fig. 10.

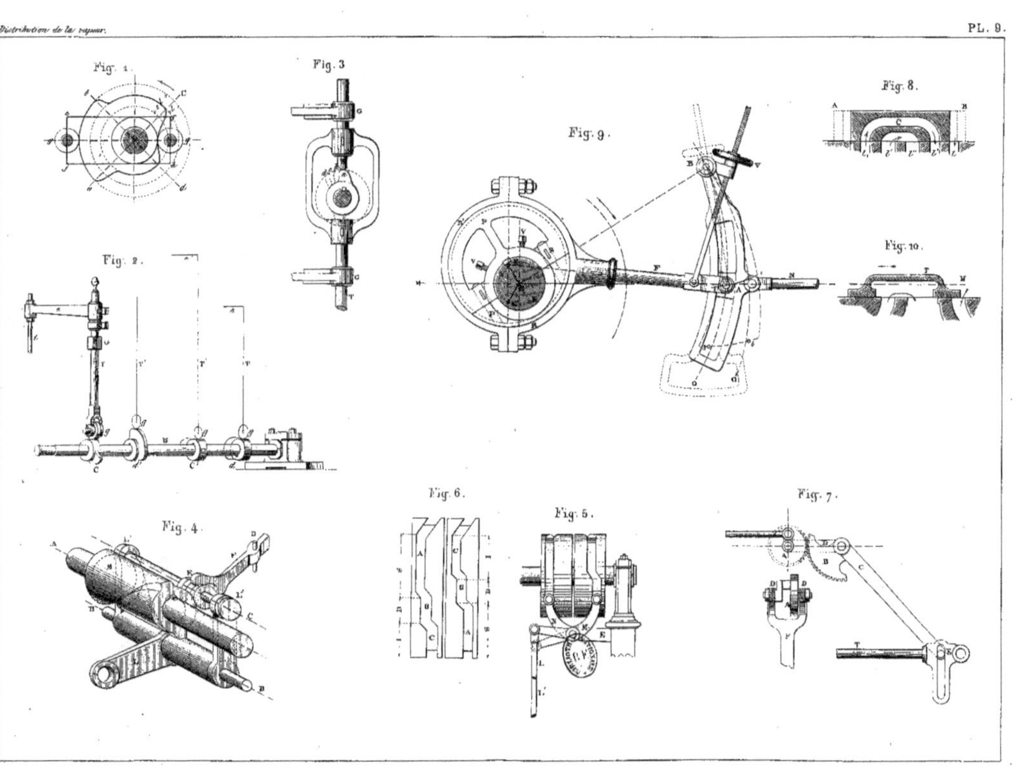

Fig. 1.

Fig. 2.

Fig. 3.

Fig. 4.

Fig. 5.

Fig. 6.

Fig. 7.

Fig. 8.

Fig. 9.

Fig. 10.

Établ.t et imp.te de J. Baudry, à Liége.

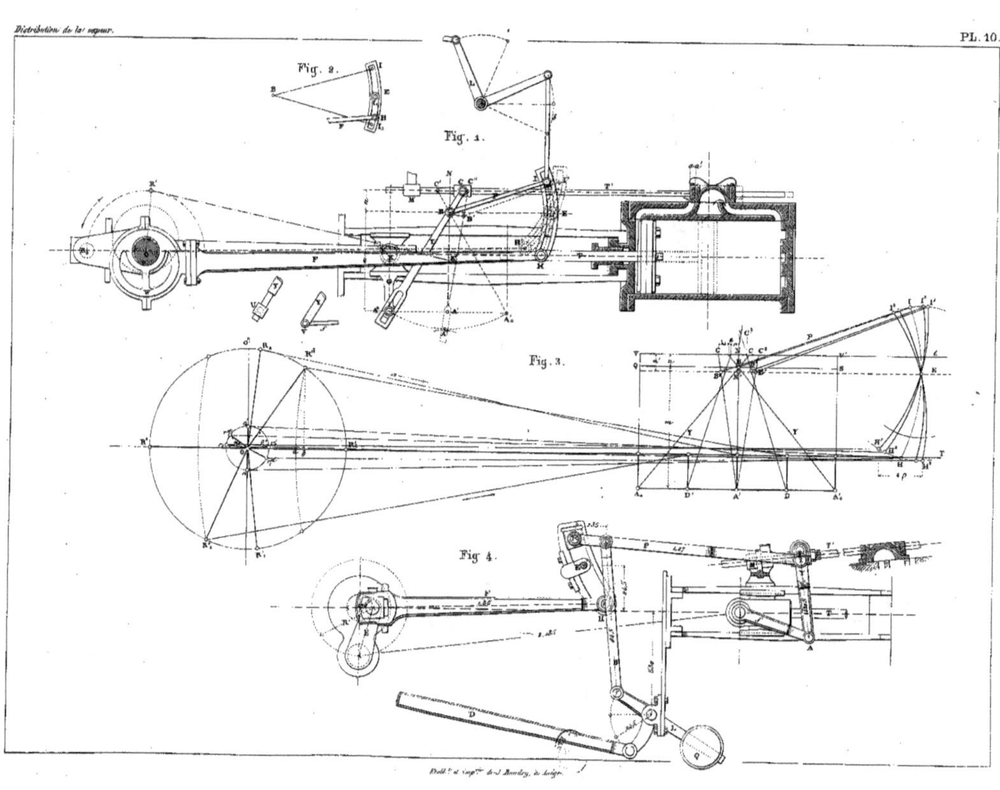

Fig. 2.
Fig. 1.
Fig. 3.
Fig. 4.

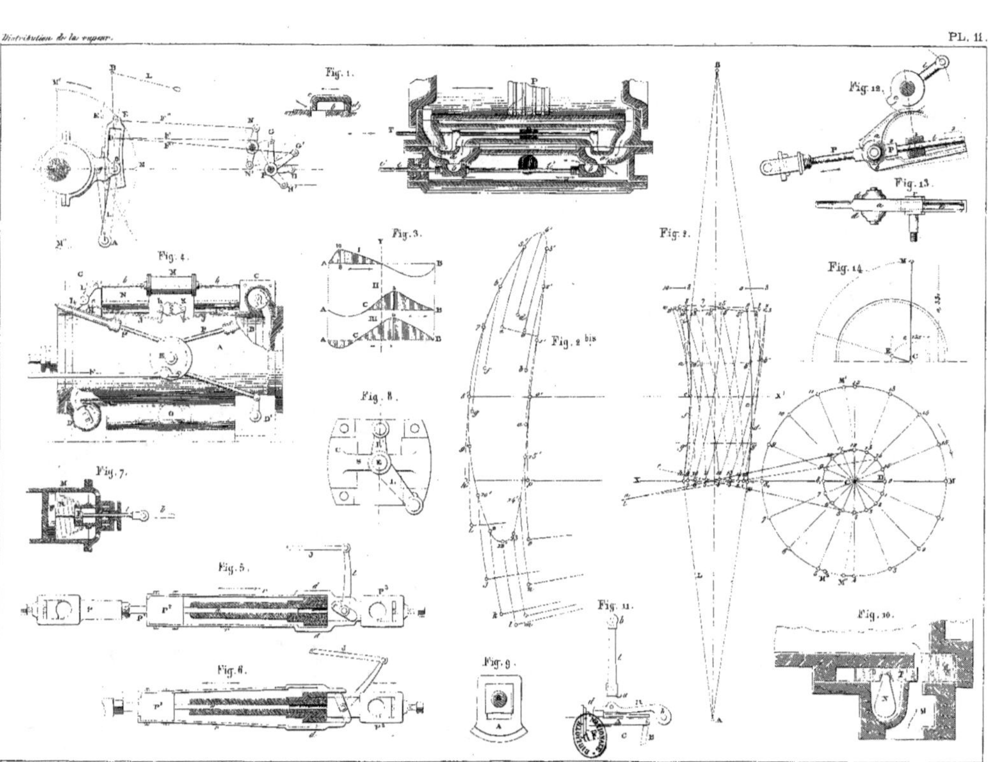
Fig. 1.
Fig. 3.
Fig. 4.
Fig. 7.
Fig. 8.
Fig. 5.
Fig. 6.
Fig. 9.
Fig. 2 bis.
Fig. 11.
Fig. 2.
Fig. 12.
Fig. 13.
Fig. 14.
Fig. 10.

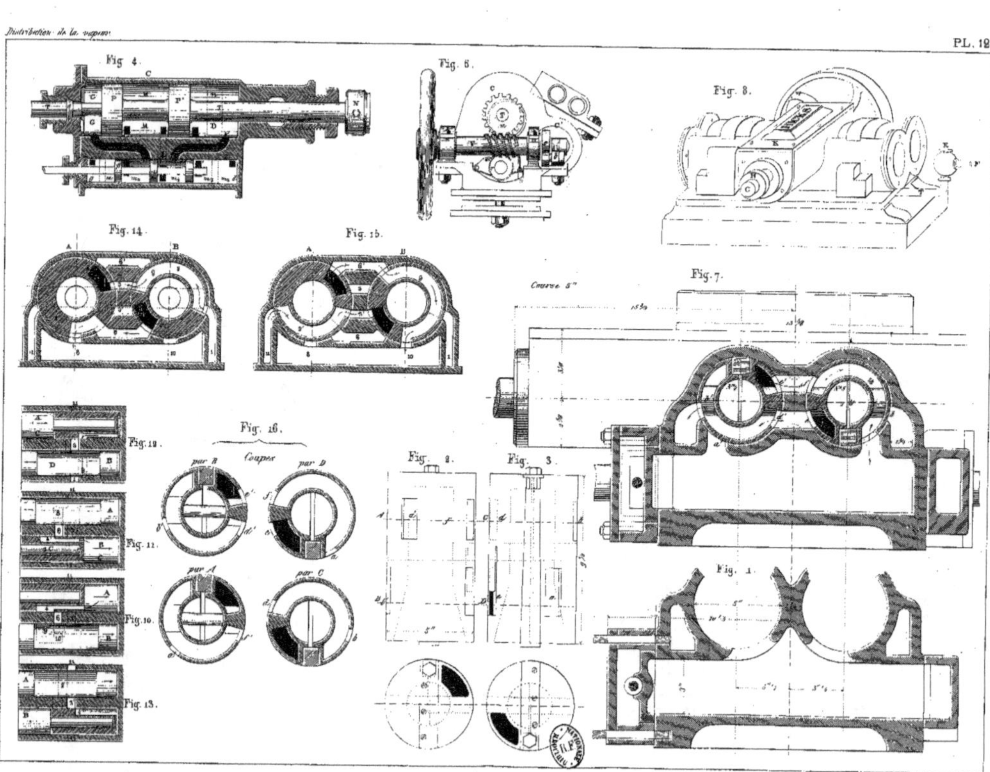

Fig. 4.
Fig. 6.
Fig. 8.
Fig. 14.
Fig. 15.
Fig. 7.
Fig. 12.
Fig. 16.
Coupes
par B
par D
par A
par C
Fig. 11.
Fig. 10.
Fig. 13.
Fig. 2.
Fig. 3.
Fig. 1.
Course

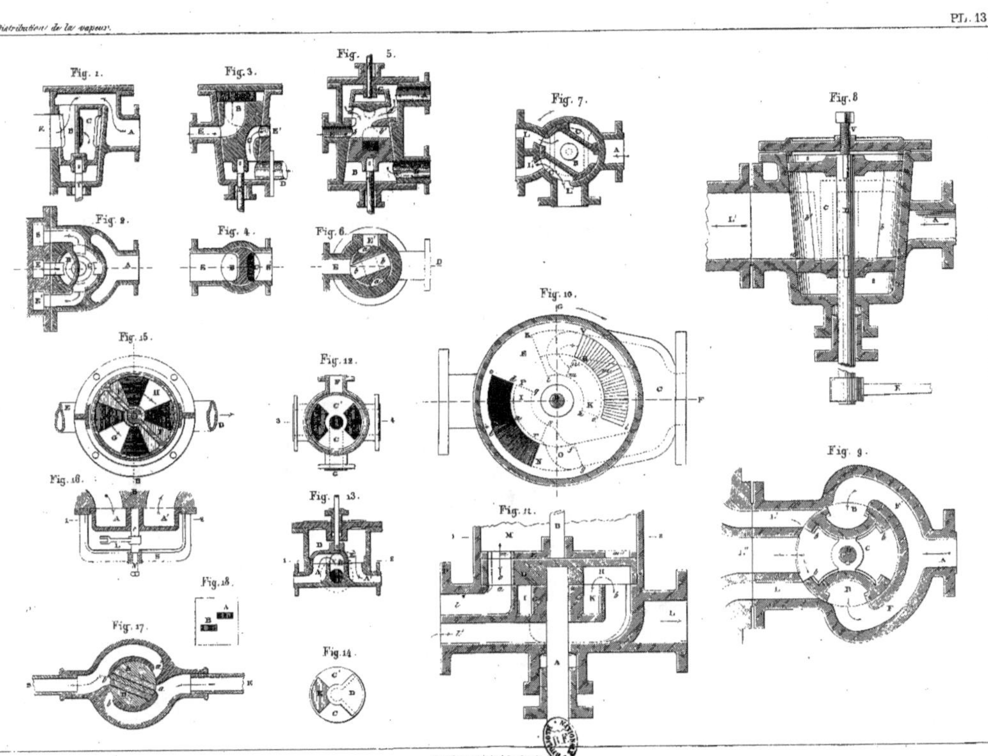
Fig. 1.
Fig. 3.
Fig. 5.
Fig. 7.
Fig. 8.
Fig. 2.
Fig. 4.
Fig. 6.
Fig. 10.
Fig. 15.
Fig. 12.
Fig. 16.
Fig. 13.
Fig. 11.
Fig. 9.
Fig. 18.
Fig. 17.
Fig. 14.

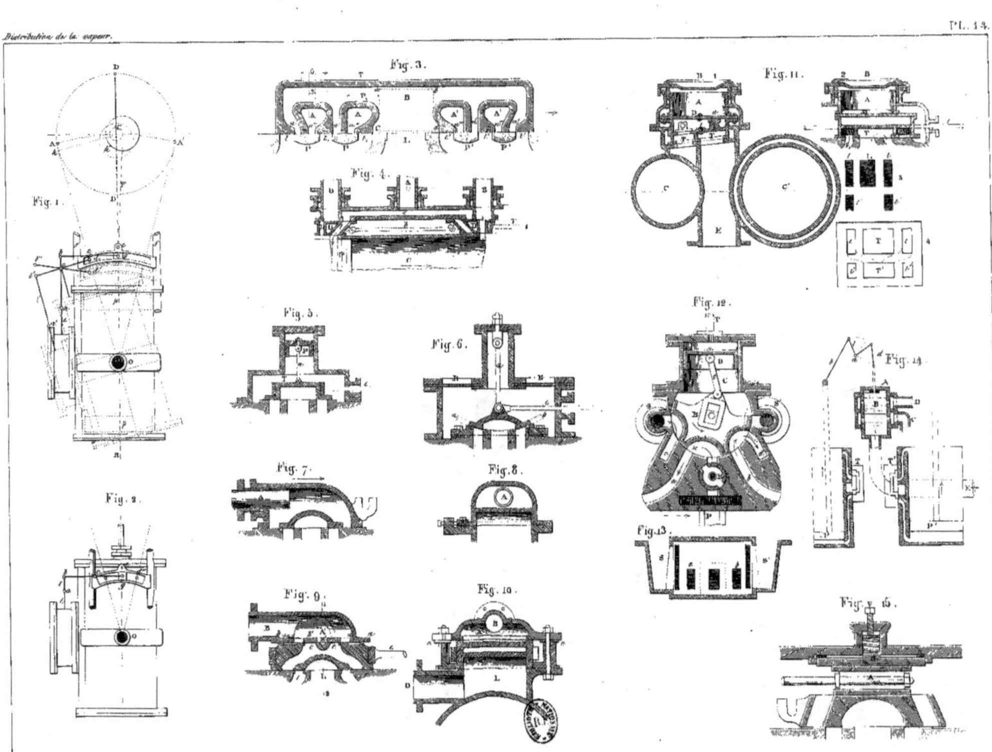

Fig. 1. Fig. 2. Fig. 3. Fig. 4. Fig. 5. Fig. 6. Fig. 7. Fig. 8. Fig. 9. Fig. 10. Fig. 11. Fig. 12. Fig. 13. Fig. 14. Fig. 15.

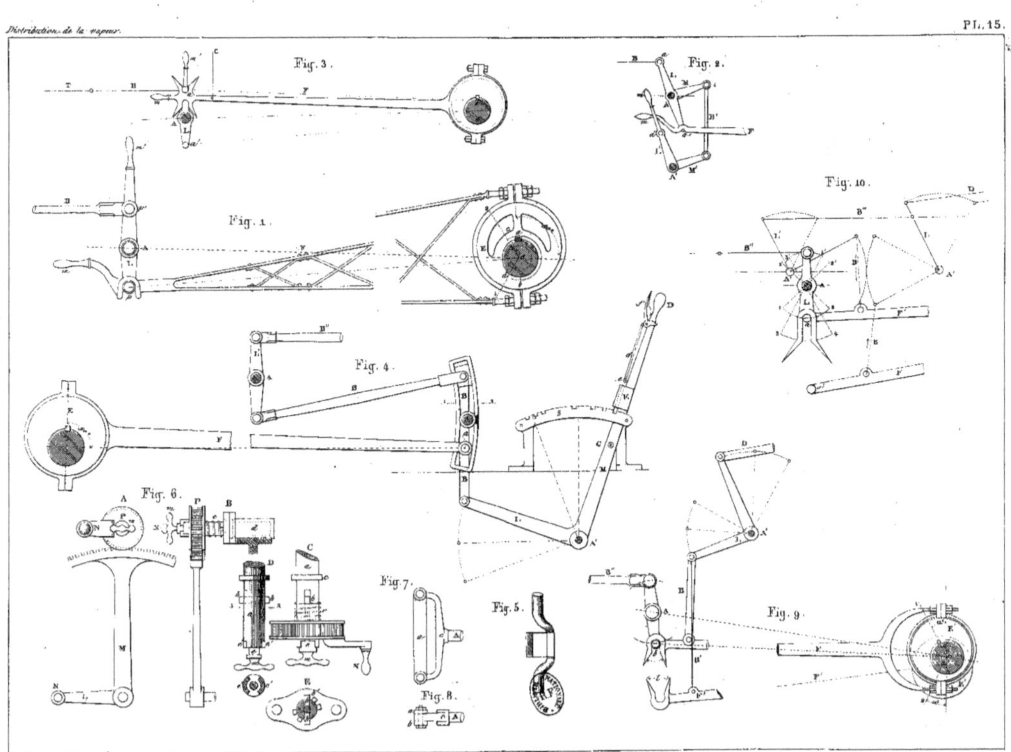

Fig. 3.
Fig. 2.
Fig. 1.
Fig. 4.
Fig. 10.
Fig. 6.
Fig. 7.
Fig. 5.
Fig. 9.
Fig. 8.

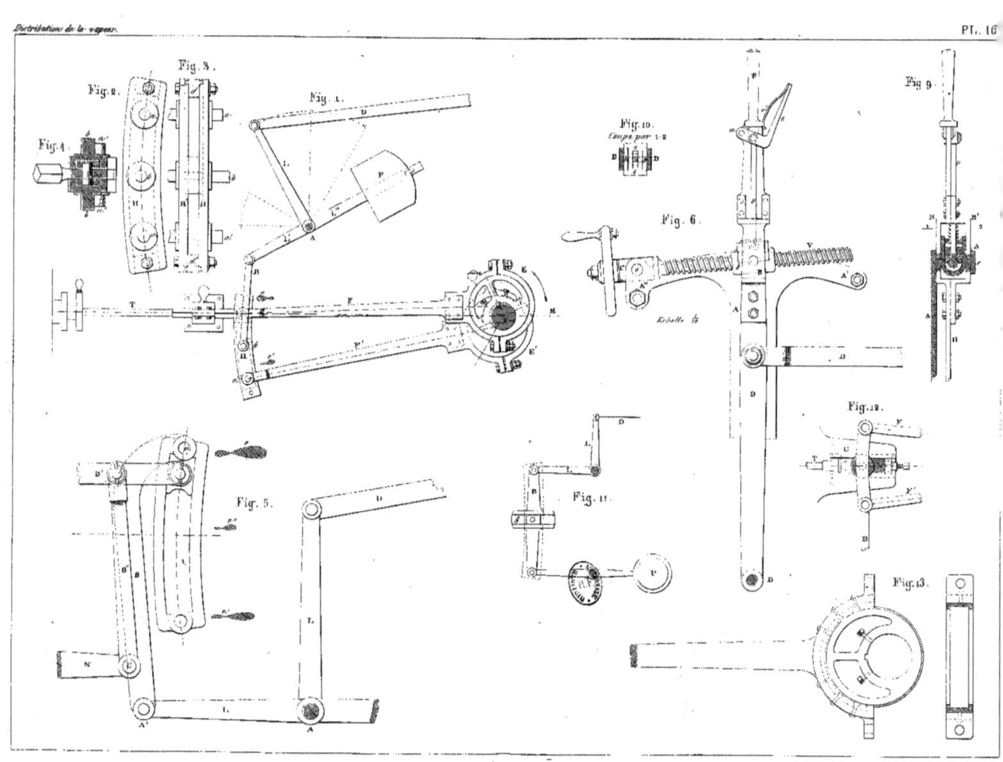

Fig. 1.
Fig. 2.
Fig. 3.
Fig. 4.
Fig. 5.
Fig. 6.
Fig. 9
Fig. 10.
Coupe par x-y.
Fig. 11.
Fig. 12.
Fig. 13.
Echelle ½

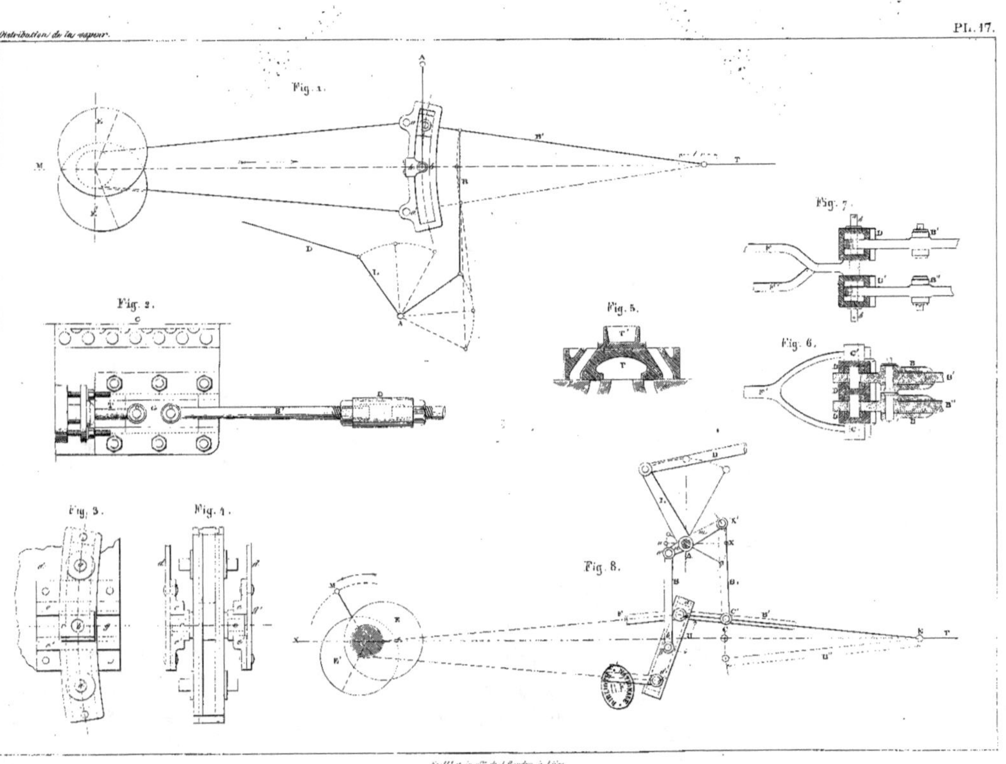
Fig. 1.
Fig. 2.
Fig. 3.
Fig. 4.
Fig. 5.
Fig. 6.
Fig. 7.
Fig. 8.

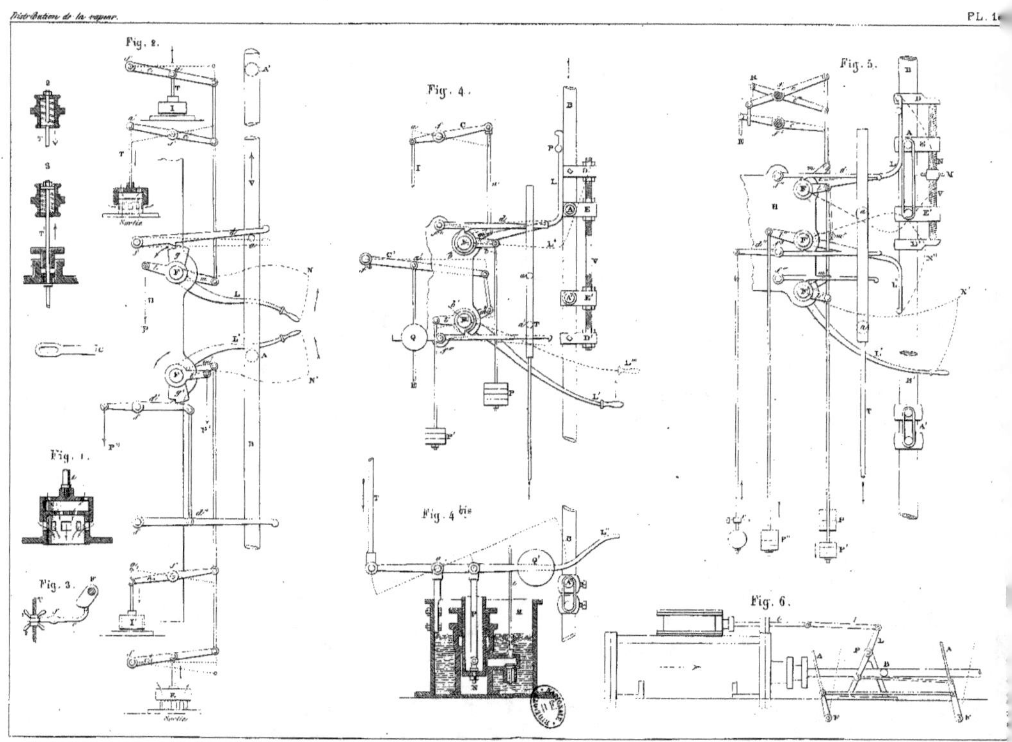

Fig. 1.
Fig. 2.
Fig. 3.
Fig. 4.
Fig. 4 bis.
Fig. 5.
Fig. 6.

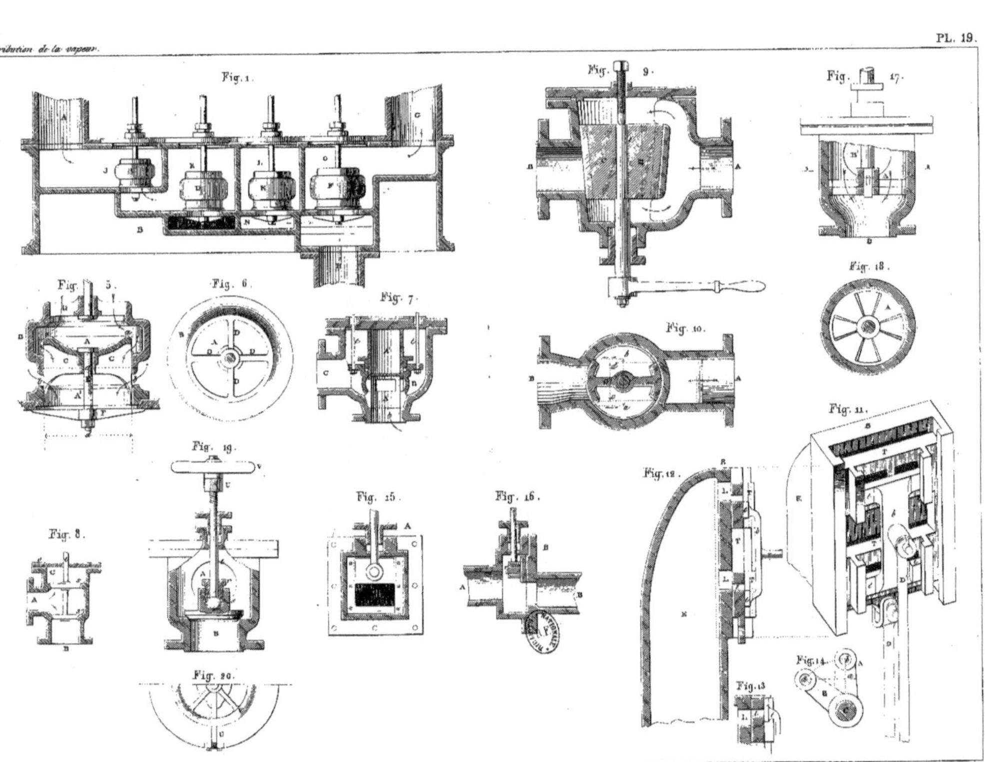
Fig. 1.
Fig. 9.
Fig. 17.
Fig. 5.
Fig. 6.
Fig. 7.
Fig. 10.
Fig. 18.
Fig. 11.
Fig. 19.
Fig. 8.
Fig. 15.
Fig. 16.
Fig. 12.
Fig. 20.
Fig. 13.
Fig. 14.

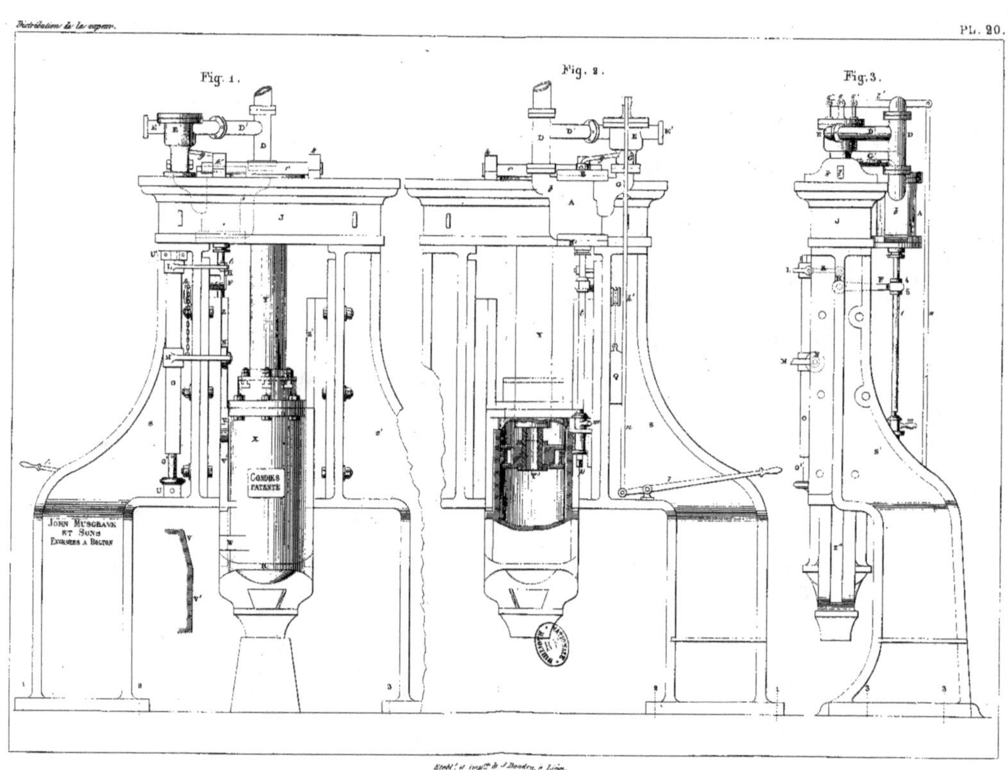

Établ.t et impr.ie de J. Daxdoy, à Liège.

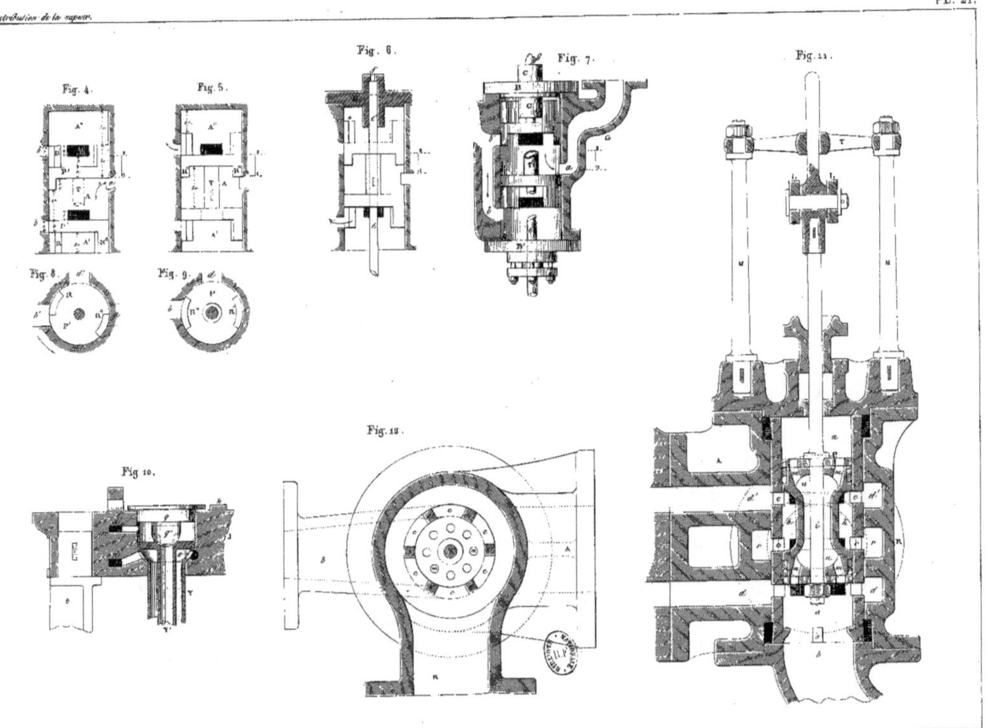

Fig. 4.
Fig. 5.
Fig. 6.
Fig. 7.
Fig. 11.
Fig. 8.
Fig. 9.
Fig 10.
Fig. 12.

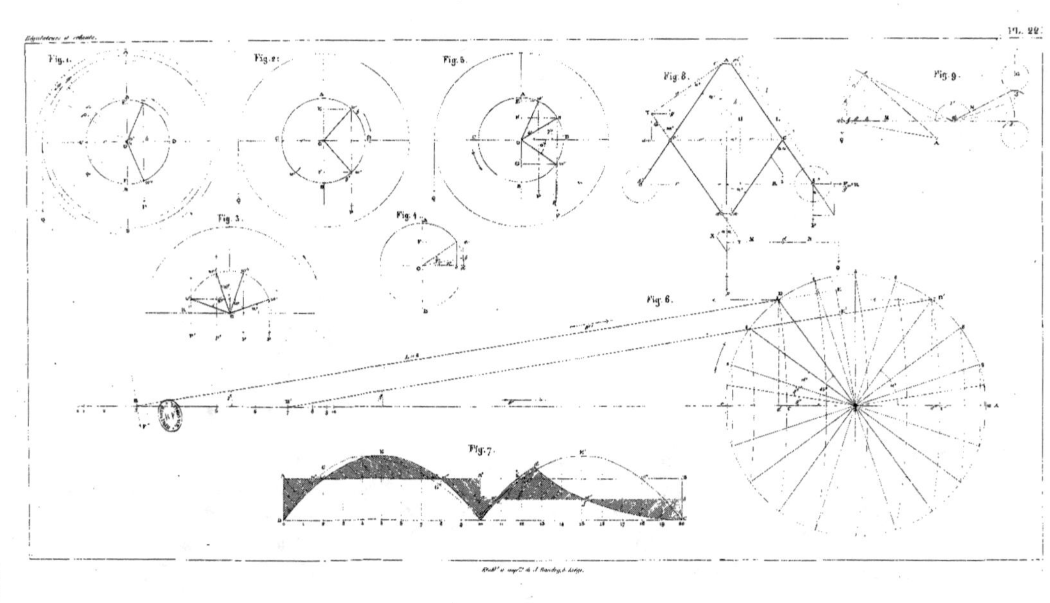

Fig. 1.
Fig. 2.
Fig. 5.
Fig. 8.
Fig. 9.
Fig. 3.
Fig. 4.
Fig. 6.
Fig. 7.

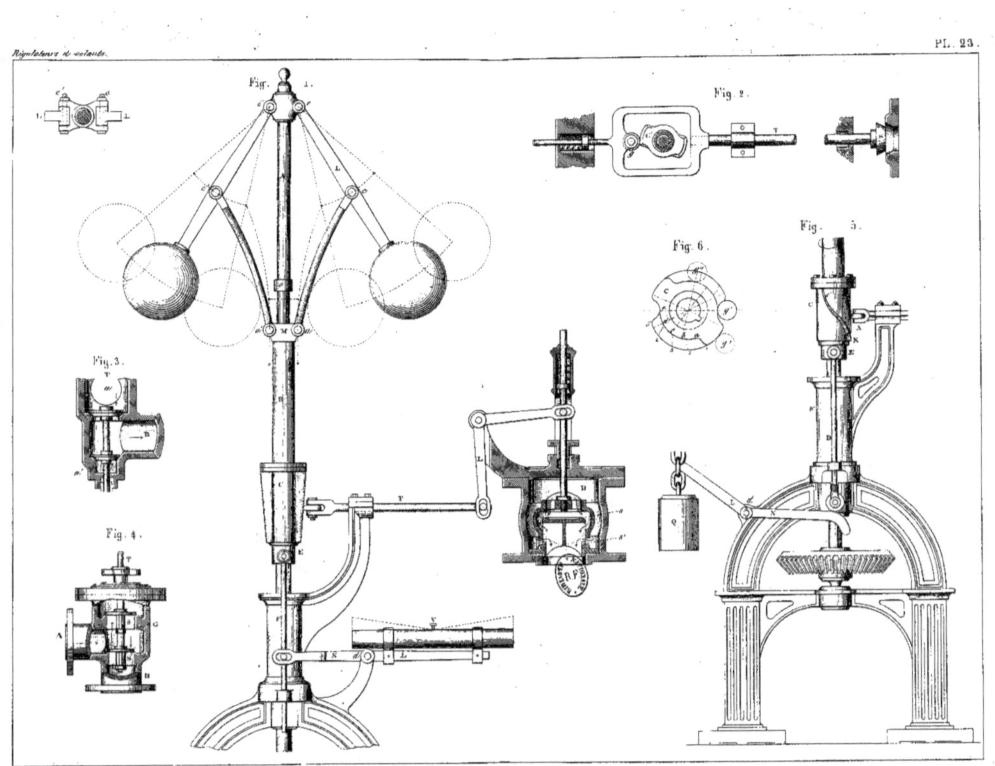

PL. 23.
Fig. 1.
Fig. 2.
Fig. 3.
Fig. 4.
Fig. 5.
Fig. 6.

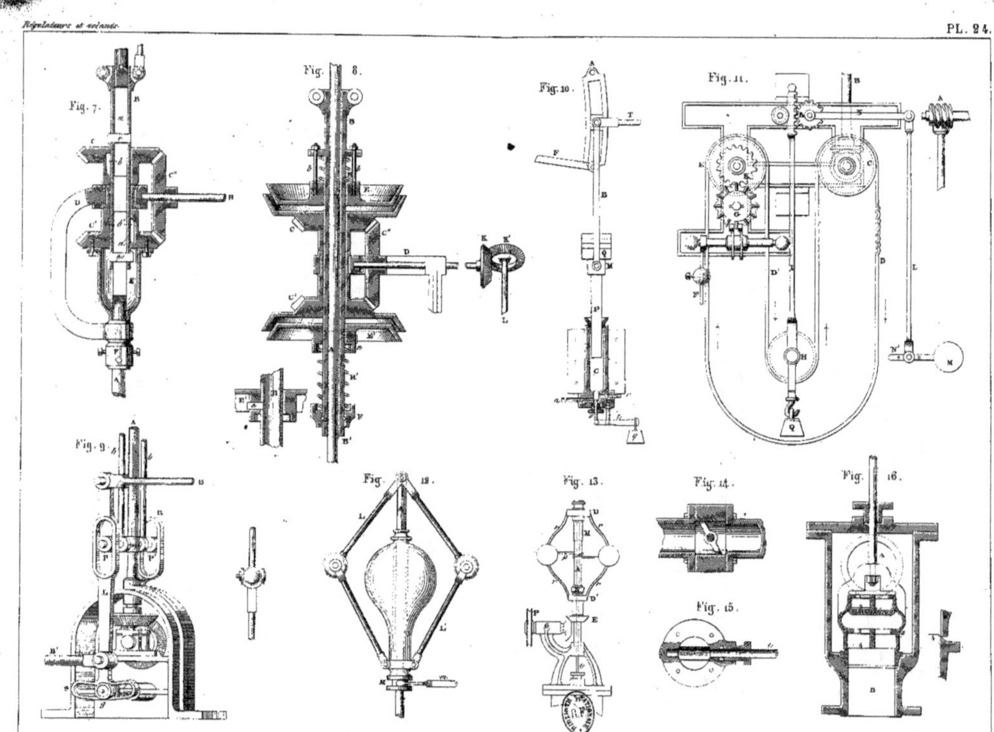

Fig. 7.
Fig. 8.
Fig. 10.
Fig. 11.
Fig. 9.
Fig. 12.
Fig. 13.
Fig. 14.
Fig. 15.
Fig. 16.

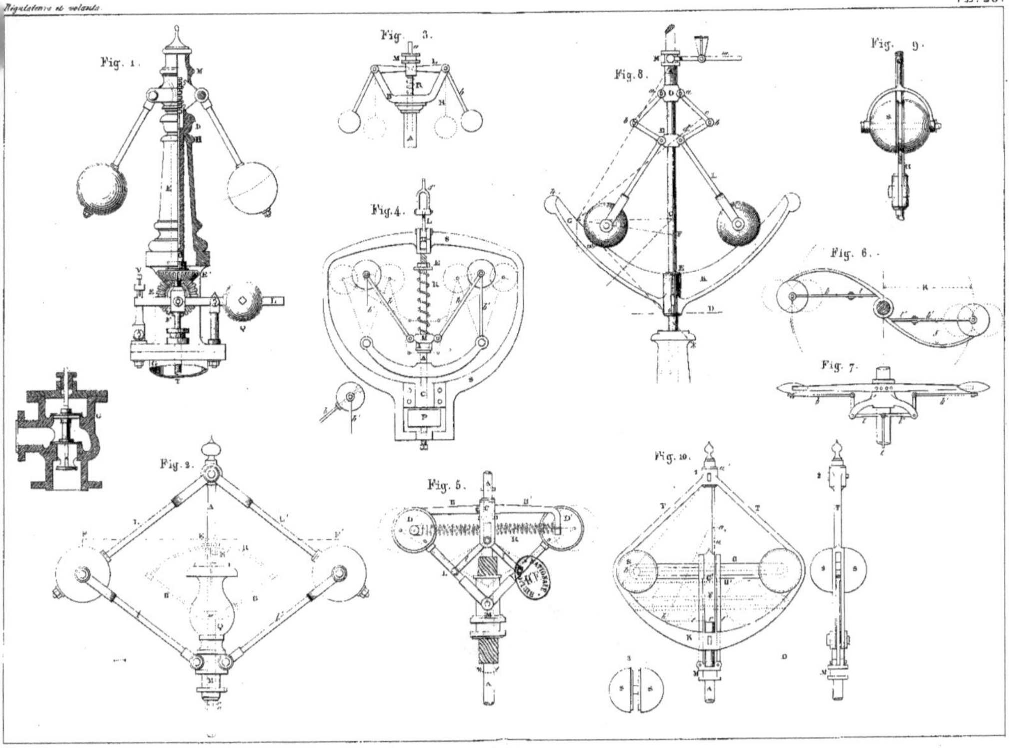
Fig. 1.
Fig. 2.
Fig. 3.
Fig. 4.
Fig. 5.
Fig. 6.
Fig. 7.
Fig. 8.
Fig. 9.
Fig. 10.

Établ.t et impr.ie de J. Baudry, à Liège.

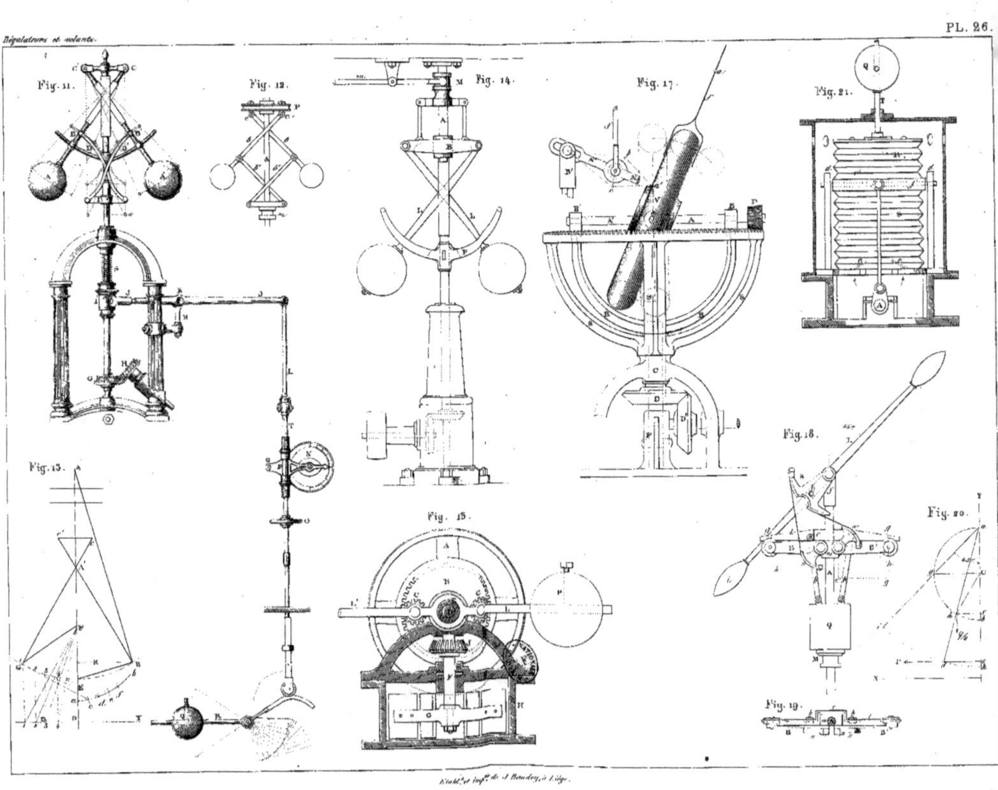

Établ.t et impr. de J. Bendey, à Liége.